AF381038

Analyse de l'œuvre

Par Maria Puerto Gomez
et Ariane César

Bajazet

de Jean Racine

Rendez-vous sur lepetitlitteraire.fr et découvrez :

Plus de 1200 analyses
Claires et synthétiques
Téléchargeables en 30 secondes
À imprimer chez soi

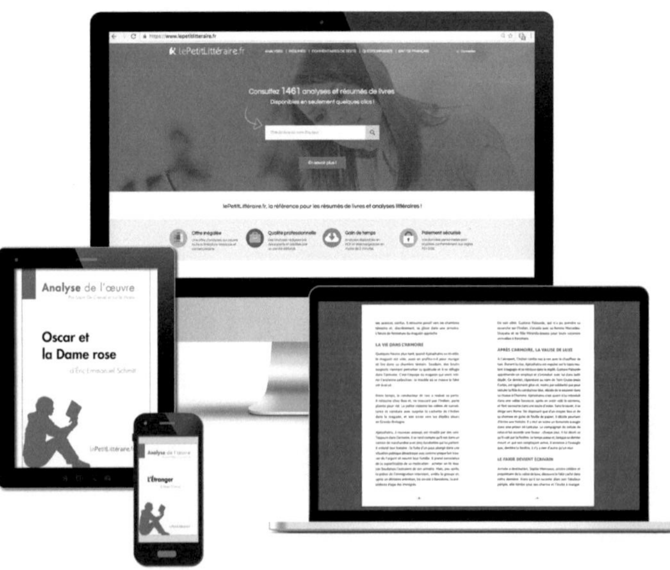

JEAN RACINE

DRAMATURGE FRANÇAIS

- **Né en 1639 à La Ferté-Milon (Aisne)**
- **Décédé en 1699 à Paris**
- **Quelques-unes de ses œuvres :**
  - *Andromaque* (1667), tragédie
  - *Britannicus* (1669), tragédie
  - *Bérénice* (1670), tragédie

Jean Racine est la figure principale de la tragédie classique au XVIIe siècle, comme Molière (auteur dramatique français, 1622-1673) l'est de la comédie. Après une éducation poussée à l'abbaye de Port-Royal, il s'installe à Paris où, à partir de 1663, il est admis à la cour de Louis XIV et mène une brillante carrière de dramaturge. Principalement connu pour ses tragédies, il en écrivit 11. Celles-ci, rédigées dans une langue dépouillée et poétique, s'inspirent de la mythologie grecque (*Andromaque*), de l'histoire romaine (*Britannicus*) ou de l'histoire chrétienne (*Athalie*, 1691), et explorent les passions humaines.

BAJAZET

UNE TRAGÉDIE PARTICULIÈREMENT COMPLEXE

- **Genre :** pièce de théâtre (tragédie)
- **Édition de référence :** *Bajazet*, Paris, Le Livre de Poche, 1992, 158 p.
- **1re édition :** 1672
- **Thématiques :** assassinat, famille, pouvoir, passion, devoir, vengeance

Bajazet est une tragédie en cinq actes écrite en alexandrins. Elle s'inspire de l'histoire du sultan ottoman Murad IV (1612-1640), qui régna avec brutalité de 1623 à 1640 et fit assassiner trois de ses frères, dont Bajazet.

Dans la pièce de Racine, le sultan turc Amurat, parti conquérir Babylone (Iraq), ordonne par une missive d'éliminer son rival, son propre frère Bajazet. Roxane, la favorite d'Amurat, détient en son absence les pleins pouvoirs à Constantinople (Turquie) et doit faire exécuter la sentence. Cependant, le grand vizir Acomat, écarté du pouvoir, espère renverser Amurat au profit de Bajazet et fait en sorte que Roxane tombe amoureuse de ce dernier. Atalide, dont Bajazet est secrètement amoureux, le pousse à feindre pour sauver sa tête, mais Roxane doute de la sincérité de celui-ci. Les morts violentes de Bajazet, Roxane et Atalide mettront fin à une succession d'intrigues, de trahisons et de vengeances.

RÉSUMÉ

ACTE I

Scène I

À Constantinople, Osmin informe le grand vizir Acomat que le cruel sultan Amurat fait le siège de Babylone et que de sa victoire ou de sa défaite dépendra la fidélité ou la révolte des janissaires (soldats d'élite de l'infanterie turque du XIVe au XIXe siècle, appartenant à la garde immédiate du sultan). Acomat complote pour que Bajazet, le frère d'Amurat, devienne sultan à sa place : il a fait exécuter l'esclave porteur de l'ordre du sultan de condamner à mort Bajazet et a fait en sorte que Roxane, la favorite d'Amurat, rencontre Bajazet et tombe amoureuse de lui.

Scène II

Acomat relate à Roxane les actions menées pour entacher la réputation d'Amurat auprès du peuple et présenter Bajazet sous un jour favorable. Mais Roxane ne veut pas proclamer

Bajazet sultan avant d'être certaine des sentiments de celui-ci à son égard.

Scène III

Roxane fait part à Atalide de ses doutes quant à
la sincérité de l'amour de Bajazet. Elle compte lui
demander en personne de l'épouser pour voir sa
réaction.

Scène IV

Atalide confie sa détresse à Zaïre, son esclave :
soit Bajazet, son amant, va devoir se marier
avec Roxane, soit celle-ci va deviner qu'il n'est
pas amoureux d'elle, ce qui le voue à une mort
certaine.

ACTE II

Scène I

Roxane dit à Bajazet qu'avant d'être sultan, il
faut qu'il l'épouse. Celui-ci tente de la convaincre
qu'il serait plus opportun d'en reparler une fois
qu'il aura le pouvoir, ce que Roxane interprète
comme un refus. Bajazet semble être condamné.

Scène II

Roxane annonce à Acomat qu'elle reconnait Amurat comme seul sultan de l'empire.

Scène III

Bajazet informe Acomat de son entrevue avec Roxane et de la condition qu'elle lui impose, mais qu'il refuse. Acomat cherche à le convaincre des enjeux liés à sa décision, mais Bajazet se montre inflexible.

Scène IV

Atalide arrive et Acomat voit en elle une dernière chance de raisonner Bajazet.

Scène V

Bajazet regrette d'avoir feint d'aimer Roxane. Atalide lui demande d'oublier leur amour et de sauver sa vie en acceptant la proposition de Roxane. Mais Bajazet refuse de la trahir et se dit prêt à mourir. Pour lui montrer à quel point il est cruel d'offrir à l'être aimé le spectacle de sa mort, Atalide décide de l'accompagner et de révéler leur amour à Roxane. Finalement,

Bajazet accepte de feindre une fois de plus, guère convaincu de parvenir à forcer sa nature.

ACTE III

Scène I

Atalide apprend par Zaïre que Roxane s'est adoucie. Elle en déduit que Bajazet a réussi à la convaincre et qu'ils vont se marier. Elle envisage de se suicider.

Scène II

Acomat, satisfait, informe Atalide que la situation est à nouveau favorable à leurs projets : Roxane l'a chargé de se préparer à faire de Bajazet leur nouveau souverain.

Scène III

Atalide se demande si Bajazet n'a pas fini par éprouver des sentiments pour Roxane. Elle s'étonne d'ailleurs qu'il tarde tant à venir lui rendre compte de la situation.

Scène IV

Bajazet se dit tiré d'affaire, prêt à conquérir le cœur du peuple et à prendre les armes contre son frère. Il révèle à Atalide que Roxane l'a à peine laissé parler et a accepté de croire à un mariage ultérieur qu'il n'a jamais promis. Mais Atalide manifestant une certaine colère, il semble décidé à révéler la vérité à Roxane.

Scène V

Roxane dit croire en la promesse de Bajazet, mais celui-ci rappelle qu'il a simplement promis de ne pas oublier qu'il lui doit la vie.

Scène VI

De tels propos laissent Roxane en proie au doute et elle le confie à Atalide, laquelle n'hésite pas à mentir pour protéger Bajazet. Mais Roxane commence à deviner leur secret.

Scène VII

Roxane se demande sérieusement si Bajazet et Atalide sont amoureux.

Scène VIII

Orcan, le plus fidèle compagnon du sultan, vient d'arriver. Roxane suppose qu'il est là pour exécuter Bajazet. Perplexe, elle ne sait plus dans quel camp elle doit se ranger.

ACTE IV

Scène I

Dans un billet transmis à Atalide, Bajazet lui confirme qu'elle est son seul et unique amour. Atalide cache le billet dans ses vêtements lorsque Roxane arrive.

Scène II

Roxane et Zatime, son esclave, se préparent à intimider Atalide.

Scène III

Roxane remet à Atalide la lettre qu'Amurat lui a envoyée et dans laquelle il l'informe de sa victoire à Babylone et de son prompt retour.

Roxane déclare qu'il est trop tard pour s'opposer

au vainqueur et que Bajazet doit par conséquent être assassiné. Atalide s'évanouit.

Scène IV

Désormais convaincue de la trahison d'Atalide, Roxane veut à présent découvrir si l'amour d'Atalide pour Bajazet est réciproque.

Scène V

Roxane tient la preuve qu'elle cherchait : Zatime lui remet le billet trouvé sur Atalide.

Malgré les conseils de Zatime, qui voit en Amurat un plus grand danger qu'en Bajazet, Roxane est bien décidée à se venger.

Scène VI

Roxane révèle à Acomat et au confident de celui-ci, Osmin, que Bajazet est un traitre. Acomat feint de se sentir trahi et se propose de le châtier, mais Roxane préfère d'abord le confondre.

Scène VII

Osmin recommande à Acomat de fuir, mais

ce dernier préfère essayer de sauver Bajazet et Roxane, qu'il sait encore amoureuse.

ACTE V

Scène I

Atalide se réveille et constate qu'elle n'a plus le billet de son amant. Elle ignore sur qui Roxane va d'abord exercer sa vengeance et si Bajazet est déjà mort.

Scène II

Roxane demande aux gardes de retenir Atalide prisonnière.

Scène III

En attendant Bajazet, Roxane se demande si elle n'aurait pas déjà dû le faire tuer.

Scène IV

Roxane présente le billet à Bajazet et celui-ci admet la vérité. Roxane lui laisse une dernière chance de vivre, à condition qu'il se marie avec elle et vienne voir Atalide périr. Prêt à mourir,

Bajazet ne cède pas. Il lui demande d'épargner Atalide. Roxane le fait sortir.

Scène V

Roxane sait que Bajazet va être assassiné et demande à Zatime de la tenir informée. Avant de partir, Zatime lui dit qu'Atalide souhaite lui parler.

Scène VI

Atalide demande à Roxane de la laisser se suicider. Ainsi, elle n'aura pas les mains couvertes de son sang et pourra encore séduire Bajazet. Roxane refuse. Zatime arrive, émue.

Scène VII

Zatime apprend à Roxane qu'Acomat et ses amis sont en train de prendre possession du palais. Roxane demande à Zatime de veiller sur Atalide et se précipite pour trouver Bajazet.

Scène VIII

Atalide essaie en vain de faire révéler à Zatime les intentions de Roxane à l'égard de Bajazet.

Scène IX

Acomat fait irruption, à la recherche de Bajazet. Sur les conseils d'Atalide, il contraint Zatime à parler.

Scène X

Zaïre annonce que Roxane est en train d'agoniser, assassinée par Orcan. Atalide envoie Acomat chercher Bajazet, espérant que ce dernier est encore en vie.

Scène XI

Osmin annonce qu'Orcan, après avoir fait tuer Bajazet, a assassiné Roxane sur ordre d'Amurat. Pour venger sa mort, Osmin et ses hommes l'ont tué à son tour. Acomat propose à Atalide, désemparée, de l'aider à fuir.

Scène XII

Atalide se sent responsable de la mort de Bajazet et se suicide.

ÉTUDE DES PERSONNAGES

ACOMAT

Grand vizir apprécié de l'armée et des janissaires, Acomat ne jouit cependant plus des faveurs du sultan Amurat, qui le maintient à l'écart et lui confie le « pouvoir inutile » (v. 90) d'administrer la ville alors qu'il part en guerre. Sachant « qu'Amurat a juré [sa] ruine » (v. 85), il a bien vite tourné ses « vœux du côté de son frère » (v. 134), Bajazet.

Il a su rallier à sa cause les dignitaires religieux ; il arrive à contourner l'étroite surveillance du sérail pour que Bajazet et Roxane se rencontrent ; il espère même se marier avec Atalide pour assurer sa position politique ; il a fait tuer l'esclave qui portait l'ordre d'Amurat d'exécuter le prince Bajazet ; et il a fait « croire heureusement à ce peuple alarmé/ Qu'Amurat le dédaigne » (v. 244-245) pour que « tous les cœurs penchent vers Bajazet » (v. 216).

C'est un homme pour qui la raison d'État prime sur tout, et qu'une promesse n'engage à rien (« Ne rougissez point : le sang des Ottomans/ Ne doit point en esclave obéir aux serments./ Consultez ces héros que le droit de la guerre/ Mena victorieux jusqu'au bout de la terre:/ Libres dans leur victoire, et maitres de leur foi,/ L'intérêt de l'État fut leur unique loi », v. 643-650).

Il admire toutefois la noblesse des sentiments du prince, même s'ils signifient l'échec de ses projets : « Ô courage inflexible ! Ô trop constante foi/ Que même en périssant j'admire malgré moi. » (v. 655-666)

Ses efforts sont réduits à néant lorsque Bajazet refuse le mariage que lui propose Roxane au nom d'une certaine droiture morale, et lorsque celle-ci découvre l'amour de Bajazet pour Atalide.

Acomat n'est pas un héros tragique en proie à une passion, c'est un homme politique d'expérience qui a « d'emplois en emplois vieilli sous trois sultans » (v. 1392). À la mort de Roxane et de Bajazet, ne pouvant plus rien faire, il opte pour l'exil.

BAJAZET

Le sultan Amurat, qui considère son frère comme « trop redoutable, et trop digne d'envie » (v. 113), agit selon les traditions fratricides ottomanes, si bien que Bajazet le « voit sans cesse [...] armé contre sa vie » (v. 114). Bajazet, enfermé dans le palais, n'a eu la vie sauve jusque-là que par précaution : il est dit qu'Amurat, « Avant qu'un fils naissant eût rassuré l'État,/ N'osait sacrifier ce frère à sa vengeance,/ Ni du sang ottoman proscrire l'espérance » (v. 124-128). Mais, ayant sans doute eu vent du complot qui se formait contre lui, Amurat a donné l'ordre d'exécuter Bajazet. Cependant, l'amour naissant de Roxane donne un sursis à ce dernier.

Contrairement au sultan, cruel et sanguinaire, Bajazet est dit aimable, vaillant, courageux : « Car enfin Bajazet dédaigna de tout temps/ La molle oisiveté des enfants des sultans./ Il vint chercher la guerre au sortir de l'enfance, [...]/ Toi-même tu l'as vu courir dans les combats/ Emportant après lui tous les cœurs des soldats [...] » (v. 115-122)

Il se montre également d'une certaine droiture

morale et d'une fidélité à toute épreuve envers Atalide, à qui il est soumis tout au long de la pièce, celle-ci le poussant à feindre d'aimer Roxane, ce qui le fait se sentir « barbare, injuste, criminel » (v. 995). Incapable de promettre un mariage qu'il n'honorera pas, il ne peut que s'engager à ne pas oublier qu'elle lui a sauvé la vie et fera peut-être de lui un sultan.

À plusieurs reprises, il est d'ailleurs tenté de mettre un terme à ces mensonges : « J'irai, bien plus content et de vous et de moi,/ Détromper son amour d'une feinte forcée. » (v. 1008-1009) De cette lutte entre sentiments et conscience, noblesse et ambition, ressort sa grandeur morale, car bien qu'il reconnaisse avoir un « cœur ambitieux » (v. 1504) qui désire « sortir d'esclavage » (v. 1507), il refuse de faire passer les intérêts politiques avant ses propres sentiments, de trahir Atalide ou de la voir mourir en échange du trône.

ROXANE

Roxane est la favorite du sultan Amurat et la maitresse du sérail. Contrairement aux usages, Amurat semble vouloir faire d'elle la sultane :

« Quoi ! Roxane, Seigneur, qu'Amurat a choisie/
Entre tant de beautés dont l'Europe et l'Asie/
Dépeuplent leurs États et remplissent sa cour ?/
Car on dit qu'elle seule a fixé son amour. »
(v. 97-100)

Elle aspire à sortir de sa condition d'esclave et à obtenir sa liberté par le mariage, la seule façon de se défaire du « joug où leur loi la condamne » (v. 297) étant « qu'un fils naissant la déclare sultane » (v. 298). Elle exige ainsi le mariage à Bajazet, dont elle est désormais amoureuse, ce qui révèle à ce dernier qu'elle n'est qu'« une esclave attachée à ses seuls intérêts » (v. 719).

Ferme, inflexible et maitresse de ses choix dans un premier temps, quelque peu crédule ensuite quant aux intentions de Bajazet, elle remet finalement en cause son amour, ne trouvant « point ce trouble, cette ardeur/ Que [lui] avait tant promis un discours trop flatteur » (v. 283-284). Quand elle obtient la preuve de l'idylle existant entre Bajazet et Atalide, elle laisse éclater sa colère. Aveuglée par son désir de vengeance, elle se délecte par avance de leurs souffrances et de leur mort.

ATALIDE

Cousine d'Amurat et de Bajazet, Atalide a été élevée avec eux, et un amour l'a liée à Bajazet dès leur plus jeune âge. Elle est prête à se sacrifier pour son amant, ce qui éveille l'admiration de Bajazet : « Plus vous me commandez de vous être infidèle,/ Madame, plus je vois combien vous méritez. » (v. 710-711) Elle met tout en œuvre pour lui sauver la vie en attisant l'amour de la sultane à l'égard de son amant.

Elle joue ainsi le double rôle d'amante de Bajazet et de confidente de Roxane, ce qui provoque un conflit intérieur entre amour et jalousie. Elle se trouve dans l'impossibilité de choisir entre le voir mourir ou renoncer à lui s'il se marie avec Roxane. Tantôt, elle souffre d'imaginer Roxane auprès de Bajazet et doute même de l'amour de ce dernier, tantôt elle reconnait sa « perfide jalousie » (v. 1150) et incite Bajazet à se marier pour sauver sa vie.

Ces revirements d'Atalide rythment l'action, car ils conditionnent le conflit intérieur de Bajazet et son silence, qui entrainent à leur tour les décisions fluctuantes de Roxane. Atalide se sentira d'ailleurs responsable de la mort de Bajazet (v. 1723-1725).

CLÉS DE LECTURE

LE GENRE DE LA TRAGÉDIE

Issue de la tradition théâtrale de l'Antiquité grecque, la tragédie est la représentation dramatique d'une action grave dans laquelle interviennent des personnages nobles, dont le but est de produire un effet cathartique chez le spectateur – c'est-à-dire lui permettre de se purifier, de se libérer de ses passions en suscitant chez lui des sentiments de peur et de pitié.

Les règles générales de la tragédie classique ont été définies par le poète français Nicolas Boileau (1636-1711), théoricien de l'esthétique littéraire et chef de file des Anciens, partisans d'un théâtre classique reprenant les règles et les thèmes du théâtre antique gréco-romain. Ces règles sont les suivantes :

- l'utilisation du vers rimé, en particulier l'alexandrin (chaque vers compte 12 pieds) ;
- une tragédie en cinq actes ;
- le respect des trois unités. Unité d'action

(intrigue unique), unité de temps (l'intrigue aboutit en 24 heures), unité de lieu (l'action se passe dans un seul lieu) ;

- le respect des règles de vraisemblance (le récit rapporte des coutumes, mœurs et détails s'accordant avec l'époque et la culture évoquées dans la pièce) et de bienséance (aucune action violente, aucun meurtre n'a lieu devant les yeux du public afin de ne pas le choquer).

Voyons, plus en détail, comment Racine s'inscrit dans ce cadre défini par Nicolas Boileau. Dans *Bajazet*, le sujet étant contemporain, c'est la différence des mœurs et coutumes, et le recours à l'imaginaire des spectateurs qui permettent de créer le recul indispensable à la catharsis :

> « L'éloignement des pays répare en quelque sorte la trop grande proximité des temps, car le peuple ne met guère de différence entre ce qui est, si j'ose ainsi parler, à mille ans de lui, et ce qui en est à mille lieues. C'est ce qui fait, par exemple, que les personnages turcs, quelque modernes qu'ils soient, ont de la dignité sur notre théâtre. On les regarde de bonne heure comme anciens. » (Seconde préface)

Bajazet est divisée en cinq actes contenant plusieurs scènes chacun. L'augmentation du nombre de scènes, de plus en plus courtes, permet de faire s'emballer le rythme et donc la tension, jusqu'au dénouement sanglant, censé libérer les passions. La pièce est également écrite en alexandrins.

La tragédie suit traditionnellement le schéma suivant :

- la scène d'exposition (acte I, scène I). On y présente les personnages et leurs relations, les lieux, l'époque de l'histoire et, dans le cas de *Bajazet*, les traditions ottomanes. Elle contient tous les ingrédients déclencheurs de l'action (l'ambition d'Acomat, le complot contre Amurat, l'amour secret d'Atalide et Bajazet, les premiers soupçons de Roxane et son désir de se marier) ;
- le nœud de l'intrigue. Il se dévoile au spectateur dès la scène III de l'acte I, quand Roxane expose à Atalide le marché qu'elle va proposer à Bajazet (l'épouser ou mourir, v. 274-288). À partir du deuxième acte, l'apparition des obstacles que les personnages vont devoir affronter montre au spectateur la difficulté du choix qui se présente à Bajazet, voire l'impossibilité de choisir (la jalousie d'Atalide, les doutes de

Roxane et le conflit intérieur de Bajazet, partagé entre son amour sincère pour Atalide et son amour feint pour Roxane) ;
- le dénouement. Après avoir une dernière fois laissé le choix à Bajazet (« Pour la dernière fois, veux-tu vivre et régner ? », v. 1541), Roxane expulse définitivement Bajazet du sérail (« Sortez », v. 1566), ce qui entraine la mort de celui-ci et la sienne, l'exil d'Acomat et le suicide d'Atalide.

La tragédie classique se définit aussi par le respect de la règle des trois unités et des éléments du décor donnant une certaine vraisemblance aux faits représentés :

- l'unité de temps. L'action doit se dérouler en un jour. Dans *Bajazet*, le cadre chronologique correspond au siège de Babylone mené par Amurat jusqu'à sa victoire et son retour à Constantinople, un compte à rebours qui crée urgence et tension. Le soulèvement contre Amurat doit se produire avant le retour de celui-ci, ce qui suppose que le dilemme de Bajazet, Atalide et Roxane doit être résolu, d'une façon ou d'une autre ;
- l'unité de lieu. L'action doit se passer en un seul

lieu. Elle est respectée dans *Bajazet*, toutes les scènes se déroulant dans le sérail, à l'intérieur du palais impérial. C'est un huis clos où le véritable maitre reste Amurat, malgré son absence ;

- l'unité d'action. Tout doit contribuer à l'action principale. Racine fait se dérouler hors scène les évènements annexes visant à structurer la pièce ou à augmenter la tension (l'annonce de l'arrivée d'Amurat, la découverte de la lettre d'amour de Bajazet sur Atalide, etc.). Tout est mis au service du conflit principal (la possibilité ou non pour Bajazet d'obtenir le pouvoir sans trahir Atalide ou renoncer à elle).

Enfin, *Bajazet* se définit également par :

- la présence de la fatalité ou du destin. Dès le début de la pièce, les actions des protagonistes sont vouées à l'échec, comme l'annonce à plusieurs reprises Atalide (v. 395 et v. 678). Bajazet est conscient que leur stratagème n'a fait que retarder l'échéance fatale (« De quoi nous a servi cette indigne contrainte ?/ Je meurs plus tard. Voilà tout le fruit de ma feinte./ Je vous l'avais prédit », v. 669-671) ;
- la bienséance. À partir de 1640, on évite les

dénouements sanglants, la violence ou les scènes intimes pour ne pas choquer les spectateurs. Dans *Bajazet*, la mort du prince a lieu hors scène, ainsi que celle de Roxane, mais les spectateurs assistent tout de même au suicide final d'Atalide ;

- la catharsis. Racine construit des personnages « en chair et en os », qui ne sont ni bons ni mauvais, mais ont à faire face à des dilemmes moraux insolubles (Bajazet doit « ou mourir, ou n'être plus à [Atalide] », v. 668 ; il doit renoncer au trône ou trahir la confiance de Roxane à qui il doit la vie). La mort est la seule issue, ce qui ne peut que susciter la peur et la pitié des spectateurs ;
- la présence de monologues. Ceux de Roxane et d'Atalide permettent d'intensifier le pathos, c'est-à-dire de rendre compte de leurs états d'âme, de leurs doutes, de leurs remords et de leurs craintes, pour accentuer la pitié du spectateur.

Sans déroger aux règles établies par Nicolas Boileau, *Bajazet* se présente donc comme une œuvre qui, selon le souhait de Racine, doit plaire au public et le toucher. Il s'agit donc de mettre en scène des personnages déchirés par leurs sentiments, torturés par leurs émotions et qui ne peuvent échapper à un destin funeste où la mort est la seule issue à l'amour.

LE THÈME DE L'ORIENT

Le thème de l'Orient (en particulier ottoman) est très à la mode dans les années 1670. Alors que, depuis la chute de Constantinople (1453), des conflits opposent la maison des Habsbourg (Autriche) aux Ottomans, la France, bien qu'étant une grande puissance européenne, tente de rester en bons termes avec l'Empire ottoman. Turcs et Français concluent ainsi plusieurs traités, les *Capitulations*, visant tant à protéger les chrétiens dans l'Empire ottoman qu'à instaurer une alliance entre la France et les Turcs face aux Habsbourg toujours plus désireux d'accroitre leur domination.

Les ambassades françaises dans l'Empire turc se succèdent à partir du règne de François Ier (roi de France, 1494-1547) et les échanges culturels se multiplient. Au XVIIe siècle, l'Orient attire : les coutumes orientales séduisent non seulement les auteurs comme Montesquieu (écrivain français, 1689-1755) pour ses *Lettres persanes* (1721) et Voltaire (écrivain français, 1694-1778) pour *Zaïre* (1732), mais aussi le peuple français qui, fasciné par cette culture si éloignée et si exotique, se met à la mode du turban, du voile, du café et des sofas. Dans ce contexte, Louis XIV (roi de France, 1638-1715) lui-même demande à Molière d'écrire une comédie agrémentée « de turqueries », *Le Bourgeois gentilhomme* (1670).

Racine profite de cet engouement quand il écrit *Bajazet* : il rompt avec le cadre habituel de l'Antiquité grecque ou romaine pour plonger le public dans une culture et des coutumes qui lui sont étrangères. Dans la seconde préface de *Bajazet*, Racine expose le thème de sa pièce : l'assassinat de Bayezid (prince ottoman, 1612-1635) par son frère, le sultan Murad IV. L'histoire n'est pas contemporaine de Racine, mais suffisamment connue des Français pour qu'ils reconnaissent Bayezid et Murad IV en Bajazet et Amurat.

C'est M. de Cézy, ambassadeur à Constantinople de 1618 à 1634, qui, de retour en France, relata l'intrigue de palais et l'assassinat de Bayezid. Murad IV était alors un sultan au pouvoir absolu et tyrannique qui procédait à de nombreuses exécutions, prohibait l'alcool et le tabac, et menait une guerre acharnée contre les Perses. Le sultan avait également renoué avec la tradition fratricide ottomane, faisant exécuter ses trois frères – Bayezid, Soliman et Kasim –, et ordonnant l'exécution du quatrième, Ibrahim (exécution qui échoua cependant) : « Tu sais de nos sultans les rigueurs ordinaires :/ Le frère rarement laisse jouir ses frères/ De l'honneur dangereux d'être sortis d'un sang/ Qui les a de trop près approchés de son rang. » (v. 105-108)

Racine s'est appuyé sur deux écrits historiques pour la description des coutumes turques : *L'Histoire de l'état présent de l'Empire ottoman* (1670) de Paul Rycaut (historien anglais, 1628-1700), et *L'Histoire générale des Turcs* (1650) de Eudes de Mézeray (historien français, 1610-1683). Il a également pu profiter des récits d'ambassadeurs à Constantinople tels que Philippe de Harlay, comte de Cézy et François de Prat, chevalier de Nantouillet.

Les costumes et les décors n'étant pas précisés, la représentation du monde turc dans la pièce est palpable grâce à des termes ou concepts spécifiques :

- le grand vizir, chargé de l'administration du royaume (v. 52) ;
- les janissaires, corps d'élite militaire au service du sultan (v. 29-30) ;
- le sérail, son fonctionnement et ses gens (« Cette foule de chefs, d'esclaves, de muets/ [...] âmes asservies, v. 435-437) ;
- les repères géographiques évoquant l'Orient, comme Byzance, Babylone, l'Euxin ;
- les repères religieux (« Et tandis qu'elle montre au peuple épouvanté/ Du prophète divin l'étendard redouté », v. 843-844).

Le but premier de Racine n'est pas, cependant, de dépeindre la société ottomane. Chaque élément est mis au service de la tragédie :

- le sérail – partie du palais où se trouve le harem du sultan, lieu normalement clos et interdit aux hommes et dont Roxane craint « les rigoureuses lois » (v. 204) – sert de cadre à l'intrigue. L'ouverture et la fermeture de ses portes (v. 201, 570-572, 1098-1099 ou 1631) symbolisent les nombreux revirements de ce huis clos où l'esclavage, l'amour, la jalousie et les luttes pour le pouvoir se mêlent, depuis le moment où Acomat trompe les gardes pour s'entretenir avec Roxane jusqu'à ce que Bajazet sorte du sérail et soit assassiné. Le sérail, ce dédale « obscur » (v. 209) est une prison dont on ne sort pas vivant (« Je cours, et je ne vois que des troupes craintives/ D'esclaves effrayés, de femmes fugitives », v. 1682-1683) ;

- la tradition des sultans de ne point choisir une seule femme. Depuis Bajazet Ier, aucun sultan n'a eu de femme légitime par le mariage pour éviter l'affront que Tamerlan (guerrier turco-mongol, XIVe siècle) a fait subir à ce dernier en 1402 en enchainant son épouse à son char (v. 455-460). Bien qu'elle sache « que des sultans l'usage [lui] est contraire » (v. 290), Roxane souhaite connaitre le même destin que Roxelane, laquelle avait réussi malgré tout à devenir l'épouse principale du sultan Soliman le Magnifique (1520-1566), contrevenant en cela aux traditions ottomanes. Ce désir est à l'origine de conflits, Bajazet ne souhaitant pas « subir le joug d'un hymen » (v. 605), ce qui révèle à Roxane le peu d'amour qu'il éprouve pour elle ;

- les spécificités de l'exercice du pouvoir. Chaque nouveau souverain ottoman a pris l'habitude, depuis 1389, de faire assassiner une bonne partie de ses frères et demi-frères, soit dès son avènement, soit à l'occasion d'une victoire qui le consolide, de la naissance d'un fils ou d'une révolte (v. 69-74). Ainsi, Amurat, n'hésite-t-il pas à sacrifier son frère pour consolider son pouvoir. Le destin de Bajazet est donc tragique avant même le début de la pièce (« On craignait qu'Amurat, par un ordre sévère/ N'envoyât demander la tête de son frère », v. 73-74) ;

- la cruauté. Présentée comme une caracté-ristique du monde ottoman, elle n'est pas l'exclusivité d'Amurat, Roxane étant prête à voir souffrir ceux qui l'ont flouée, voulant par exemple imposer à Bajazet de voir Atalide mourir pour pouvoir accéder au trône (« Ma rivale est ici : suis-moi sans différer ;/ Dans les mains des muets, viens la voir expirer », v. 1544-1545).

Le sérail, ce lieu fermé dont personne ne sortira vivant, et les coutumes barbares du peuple ot-toman sont autant d'éléments qui participent au tragique de *Bajazet*.

L'amour ne peut pas triompher car la mort est omniprésente : les personnages évoluent sous la domination d'un sultan sanguinaire, dans un pays en guerre, dans un palais où les uns complotent contre les autres.

CONFLITS INTIMES : AMOUR ET POUVOIR

Bajazet est une tragédie construite sur une intrigue politique doublée d'une intrigue amoureuse. Mais le pouvoir et l'amour sont à la fois si étroitement liés et si diamétralement opposés qu'ils ne peuvent triompher et qu'ils s'entrainent mutuellement dans leur chute.

En effet, la pièce a pour toile de fond le complot d'un sérail contre son sultan, Amurat, parti guerroyer contre les Perses avec son armée. Ce fait politique, annoncé par l'auteur dès la seconde préface, sert de support à la seconde intrigue, toute racinienne, à savoir l'histoire d'une passion amoureuse tourmentée dont l'issue ne pourra être que fatale. Atalide et Bajazet s'aiment depuis l'enfance (v. 359-360) et se sont promis l'un à l'autre. Mais peu importe cet amour, car Roxane en a décidé autrement et, bien qu'il leur faille choisir entre vivre ou aimer, Racine scelle le destin de Bajazet et d'Atalide dès le début de

la pièce, dans cette réplique d'Atalide à Zaïre :
« Mon unique espérance est dans mon déses-
poir. » (v. 337)

Les personnages raciniens sont donc pris dans la tourmente, car ils se trouvent, chacun, face à un dilemme : se soumettre au pouvoir ou aimer. Un choix quasi impossible à faire et une hésitation qui causera leur perte. Bajazet préfère la mort à l'offre de Roxane, pourvu qu'elle épargne Atalide : « Amurat avec moi ne l'a point condamnée :/ Épargnez une vie assez infortunée. » (v. 1562-1563) Roxane ne prendra pas la vie d'Atalide, mais cette dernière se donnera elle-même la mort, fixant ainsi le destin tragique qui lui était imparti dès le début de la pièce : « Et prenez la vengeance qui enfin vous est due. » (v. 1747)

Tout au long de la pièce, l'intrigue amoureuse est aussi obscure que ne le sont le décor du sérail et l'intrigue politique qui s'y joue pour la prise de pouvoir. De fait, le sérail est un lieu privilégié pour la tragédie *Bajazet*, car le climat y est inquiétant : des complots amoureux et des intrigues politiques s'y ourdissent, les espions sont partout et l'on tue sans procès.

Chez Racine, les personnages se servent habilement de l'amour pour réussir leurs manœuvres politiques. Le grand vizir, Acomat, écarté du pouvoir, complote contre le sultan et persuade Roxane, la favorite d'Amurat, de mettre Bajazet, le frère du sultan, sur le trône. Celle-ci, qui a ordre du sultan d'assassiner Bajazet, finit par en tomber amoureuse et lui pose un ultimatum : l'épouser ou mourir.

Quant à Atalide, éprise de Bajazet, elle est partagée entre ne pas révéler son amour pour lui et le laisser épouser Roxane ou dévoiler son amour au grand jour.

Dans cette histoire, comme dans le sérail, tout est caché, tout est secret : les personnages osent à peine parler dans un lieu où tous se savent surveillés.

> « ROXANE – [...] Tu soupires enfin, et sembles te troubler : Achève, parle.
> BAJAZET – Ô ciel ! que ne puis-je parler? »
> (v. 559-560)

Le tragique de cette pièce repose sur le fait que le pouvoir et l'amour sont en contradiction : les héros raciniens ne choisiront pas la voie de la raison, c'est-à-dire se soumettre aux ordres, pour sauver leur vie. Ils choisiront l'amour, le véritable et sincère amour, et ils mourront.

Les rapports entre les personnages viennent appuyer cette contradiction entre l'amour et le pouvoir. L'intrigue amoureuse se joue en effet à contrecourant de l'intrigue politique : d'une part, Amurat aime Roxane, Roxane aime Bajazet et Bajazet aime Atalide ; d'autre part, la vie d'Atalide dépend de la décision de Bajazet, la vie de Bajazet dépend du bon vouloir de Roxane et la vie de Roxane dépend d'Amurat.

En définitive, ni l'intrigue amoureuse ni l'intrigue politique n'auront de fin heureuse. Le complot du grand vizir Acomat échoue : Roxane n'installera pas Bajazet sur le trône et Acomat n'épousera pas Atalide, de sang royal, pour assoir son pouvoir, car les sentiments et la passion de Bajazet ont pris le dessus.

DES PERSONNAGES PRISONNIERS DU DESTIN

Chez Racine, les personnages subissent les évènements qui s'abattent sur eux sans pouvoir ne rien y changer, car leur destin est tracé d'avance et les mène à la mort. Toute lutte est vaine en soi. Cela explique, par exemple, que Bajazet ne puisse véritablement prendre de décision face à l'ultimatum de Roxane. Depuis sa première entrevue avec Roxane (acte II, scène I) où elle lui propose le mariage et le vers 1541 (acte V, scène IV) où elle réitère une dernière fois son ultimatum avant de le condamner définitivement en le chassant, l'action progresse, mais Bajazet ne prend aucune décision, car son destin est déjà tracé et, quoi qu'il fasse, Amurat l'a condamné à mort (v. 105-108).

Dans cette tragédie, la fatale destinée de l'homme se présente sous plusieurs facettes, dont certaines s'inspirent directement de la tragédie grecque :

• une punition divine. Ce qui arrive aux personnages est la conséquence directe de leurs actes. Cet aspect est incarné par Atalide. Elle hésite longtemps à renoncer à son amour pour Bajazet, préférant le voir en vie et marié à Roxane. Elle voit d'abord dans le projet de Roxane une punition divine, un coup du sort qu'elle ne pourra changer (« Le ciel s'est déclaré contre mon artifice », v. 353). Puis, se laissant guider par sa passion, elle finit par dévoiler son amour au grand jour et accepte « une mort légitime » (v. 1611) comme punition (elle se suicide, car elle se sent responsable de l'assassinat de Bajazet) ;

- la soumission inéluctable au pouvoir. Les personnages, malgré leur désir, devront se soumettre à l'autorité, tout homme doit obéir ou accepter de mourir. Dans la pièce, le pouvoir et l'autorité sont représentés par Amurat, même s'il n'entre pas en scène directement. Or, Amurat a fait de Roxane sa favorite et a décidé que Bajazet mourrait. Selon les lois du destin, il en sera donc ainsi. Malgré le complot ourdi par Roxane persuadée que « l'amour ne suit point ces lois imaginaires » (v. 461), Bajazet ne l'épousera pas et ne vivra pas ;
- l'histoire familiale. Elle se transmet de génération en génération. Peu importe que Bajazet épouse ou non Roxane. Amurat a renoué avec la tradition fratricide ottomane et il a donné l'ordre d'assassiner son frère. Bajazet mourra, quoi qu'il décide. L'issue de la pièce est déjà fixée dès le début par Racine (« Le ciel en a déjà

réglé l'événement », v. 23). Ce rêve qu'entretient Bajazet de fuir la prison dans laquelle il se trouve n'a pas lieu d'être. Tout au plus est-il le moteur qui le pousse à se battre ;

- la condition humaine. Elle tient à la nature de l'homme, à ses passions et ses pulsions, contre lesquelles il ne lui sert à rien de lutter. Chaque personnage incarne une ou plusieurs facettes de cette condition. Ainsi, Roxane est prisonnière de sa passion pour Bajazet (« De toi dépend ma joie et ma félicité », v. 556), et, consciente de sa « faiblesse » (v. 553), elle ne pourra vraiment s'en libérer que par la mort (« De ma sanglante mort ta mort sera suivie », v. 557). Quant à Bajazet, il veut demeurer fidèle à Atalide, mais il est conscient de ses limites (« Je meurs plus tard : voilà tout le fruit de ma feinte », v. 670). Le personnage ne lutte pas contre les évènements qui s'abattent et s'acharnent sur lui. Cela ne lui servirait à rien, car il n'est pas libre, sa destinée est inhérente à sa condition.

Dans *Bajazet*, Racine ne se soustrait pas à la tradition de la tragédie. On retrouve des personnages torturés par leur condition et pour lesquels il est impossible de choisir entre le cœur et la raison. Doivent-ils se soumettre à l'autorité du pouvoir ou de la famille plutôt que de répondre à leurs sentiments et leurs passions ? Pourquoi choisir d'ailleurs ? Pour eux, l'issue sera la même : la mort.

L'intrigue de *Bajazet* se passe en Turquie. C'est assez nouveau car, bien que les turqueries plaisent à Louis XIV pour leur exotisme, Racine emprunte d'habitude ses décors et sujets à l'Antiquité gréco-romaine. Malgré cet écart, l'auteur offre au public une tragédie qui suit rigoureusement les règles strictes imposées par les théoriciens de son temps. L'action est simple et tout se joue en un jour dans un lieu unique, sans que le public ne soit confronté à un acte de violence ou à une expression trop vive de sentiments. Pourtant, malgré cet aspect très technique de construction de la pièce, auquel s'ajoute la difficulté de composer en alexandrins, Racine parvient à créer des personnages émouvants, déchirés par une passion qui les entraine inexorablement vers leur perte.

PISTES DE RÉFLEXION

QUELQUES QUESTIONS POUR APPROFONDIR SA RÉFLEXION...

- Relevez et analysez, dans la pièce, les passages qui permettent de dresser un portrait du sultan Amurat.
- Quels stratagèmes Acomat utilise-t-il tout au long de l'œuvre pour tenter de conserver sa position politique et pourquoi échoue-t-il ?
- Selon vous, pourquoi Bajazet n'a-t-il pas peur de la mort ?
- Comment le sultan, malgré son éloignement, réussit-il à faire imposer sa loi ?
- Étudiez l'évolution des sentiments de Roxane. En quoi est-elle représentative du genre tragique ?
- Sur quels éléments repose l'exotisme de la pièce et quel rôle joue-t-il dans la tragédie ?
- Expliquez l'importance des actions qui se déroulent hors scène, en particulier dans le dénouement de la tragédie.
- La pièce s'intitule *Bajazet*. Pour autant, a-t-on

l'impression qu'il s'agit du personnage princi-pal ? Argumentez.

- Racine ne donne pas d'indication sur les décors ou les costumes. Imaginez-les et justifiez vos choix.
- La pièce de Corneille (poète dramatique français, 1606-1684), *Othon* (1664) a certains personnages en commun avec *Bajazet*. En quoi les conflits que les personnages de ces deux pièces doivent affronter sont-ils semblables ou différents ?

Votre avis nous intéresse !
Laissez un commentaire sur le site de votre librairie en ligne
et partagez vos coups de cœur sur les réseaux sociaux !

POUR ALLER PLUS LOIN

ÉDITION DE RÉFÉRENCE

- RACINE J., *Bajazet*, Paris, Le Livre de Poche, 1992.

ÉTUDES DE RÉFÉRENCE

- NIDERST A., *Racine et la tragédie classique*, Paris, Presses universitaires de France, coll. « Que sais-je ? », 1986.

- NOUAILHAC I. et NARTEAU C., *Mouvements littéraires français du Moyen Âge au XIXe siècle*, Paris, Flammarion, coll. « Librio », 2005.

- ZIMMERMANN E., *La liberté et le destin dans le théâtre de Jean Racine*, Genève, Slatkine Reprints, 1999.

SUR LEPETITLITTÉRAIRE.FR

- Fiche de lecture sur *Andromaque* de Jean Racine.
- Fiche de lecture sur *Bérénice* de Jean Racine.
- Fiche de lecture sur *Britannicus* de Jean Racine.
- Fiche de lecture sur *Iphigénie* de Jean Racine.
- Fiche de lecture sur *Phèdre* de Jean Racine.

Retrouvez notre offre complète sur lePetitLittéraire.fr

- des fiches de lectures
- des commentaires littéraires
- des questionnaires de lecture
- des résumés

ANOUILH
- Antigone

AUSTEN
- Orgueil et Préjugés

BALZAC
- Eugénie Grandet
- Le Père Goriot
- Illusions perdues

BARJAVEL
- La Nuit des temps

BEAUMARCHAIS
- Le Mariage de Figaro

BECKETT
- En attendant Godot

BRETON
- Nadja

CAMUS
- La Peste
- Les Justes
- L'Étranger

CARRÈRE
- Limonov

CÉLINE
- Voyage au bout de la nuit

CERVANTÈS
- Don Quichotte de la Manche

CHATEAUBRIAND
- Mémoires d'outre-tombe

CHODERLOS DE LACLOS
- Les Liaisons dangereuses

CHRÉTIEN DE TROYES
- Yvain ou le Chevalier au lion

CHRISTIE
- Dix Petits Nègres

CLAUDEL
- La Petite Fille de Monsieur Linh
- Le Rapport de Brodeck

COELHO
- L'Alchimiste

CONAN DOYLE
- Le Chien des Baskerville

DAI SIJIE
- Balzac et la Petite Tailleuse chinoise

DE GAULLE
- Mémoires de guerre III. Le Salut. 1944-1946

DE VIGAN
- No et moi

DICKER
- La Vérité sur l'affaire Harry Quebert

DIDEROT
- Supplément au Voyage de Bougainville

DUMAS
• Les Trois
  Mousquetaires

ÉNARD
• Parlez-leur
  de batailles,
  de rois et
  d'éléphants

FERRARI
• Le Sermon sur la
  chute de Rome

FLAUBERT
• Madame Bovary

FRANK
• Journal
  d'Anne Frank

FRED VARGAS
• Pars vite et
  reviens tard

GARY
• La Vie devant soi

GAUDÉ
• La Mort du
  roi Tsongor
• Le Soleil des
  Scorta

GAUTIER
• La Morte
  amoureuse
• Le Capitaine
  Fracasse

GAVALDA
• 35 kilos d'espoir

GIDE
• Les
  Faux-Monnayeurs

GIONO
• Le Grand
  Troupeau
• Le Hussard
  sur le toit

GIRAUDOUX
• La guerre de
  Troie
  n'aura pas lieu

GOLDING
• Sa Majesté des
  Mouches

GRIMBERT
• Un secret

HEMINGWAY
• Le Vieil Homme
  et la Mer

HESSEL
• Indignez-vous !

HOMÈRE
• L'Odyssée

HUGO
• Le Dernier Jour
  d'un condamné
• Les Misérables
• Notre-Dame
  de Paris

HUXLEY
• Le Meilleur
  des mondes

IONESCO
• Rhinocéros
• La Cantatrice
  chauve

JARY
• Ubu roi

JENNI
• L'Art français
  de la guerre

JOFFO
• Un sac de billes

KAFKA
• La Métamorphose

KEROUAC
• Sur la route

KESSEL
• Le Lion

LARSSON
• Millenium I. Les
  hommes qui
  n'aimaient pas
  les femmes

LE CLÉZIO
• Mondo

LEVI
• Si c'est un
  homme

LEVY
• Et si c'était vrai...

MAALOUF
• Léon l'Africain

MALRAUX
- La Condition humaine

MARIVAUX
- La Double Inconstance
- Le Jeu de l'amour et du hasard

MARTINEZ
- Du domaine des murmures

MAUPASSANT
- Boule de suif
- Le Horla
- Une vie

MAURIAC
- Le Nœud de vipères

MAURIAC
- Le Sagouin

MÉRIMÉE
- Tamango
- Colomba

MERLE
- La mort est mon métier

MOLIÈRE
- Le Misanthrope
- L'Avare
- Le Bourgeois gentilhomme

MONTAIGNE
- Essais

MORPURGO
- Le Roi Arthur

MUSSET
- Lorenzaccio

MUSSO
- Que serais-je sans toi ?

NOTHOMB
- Stupeur et Tremblements

ORWELL
- La Ferme des animaux
- 1984

PAGNOL
- La Gloire de mon père

PANCOL
- Les Yeux jaunes des crocodiles

PASCAL
- Pensées

PENNAC
- Au bonheur des ogres

POE
- La Chute de la maison Usher

PROUST
- Du côté de chez Swann

QUENEAU
- Zazie dans le métro

QUIGNARD
- Tous les matins du monde

RABELAIS
- Gargantua

RACINE
- Andromaque
- Britannicus
- Phèdre

ROUSSEAU
- Confessions

ROSTAND
- Cyrano de Bergerac

ROWLING
- Harry Potter à l'école des sorciers

SAINT-EXUPÉRY
- Le Petit Prince
- Vol de nuit

SARTRE
- Huis clos
- La Nausée
- Les Mouches

SCHLINK
- Le Liseur

SCHMITT
- La Part de l'autre
- Oscar et la Dame rose

SEPULVEDA
- Le Vieux qui lisait des romans d'amour

SHAKESPEARE
- Roméo et Juliette

SIMENON
- Le Chien jaune

STEEMAN
- L'Assassin habite au 21

STEINBECK
- Des souris et des hommes

STENDHAL
- Le Rouge et le Noir

STEVENSON
- L'Île au trésor

SÜSKIND
- Le Parfum

TOLSTOÏ
- Anna Karénine

TOURNIER
- Vendredi ou la Vie sauvage

TOUSSAINT
- Fuir

UHLMAN
- L'Ami retrouvé

VERNE
- Le Tour du monde en 80 jours
- Vingt mille lieues sous les mers
- Voyage au centre de la terre

VIAN
- L'Écume des jours

VOLTAIRE
- Candide

WELLS
- La Guerre des mondes

YOURCENAR
- Mémoires d'Hadrien

ZOLA
- Au bonheur des dames
- L'Assommoir
- Germinal

ZWEIG
- Le Joueur d'échecs

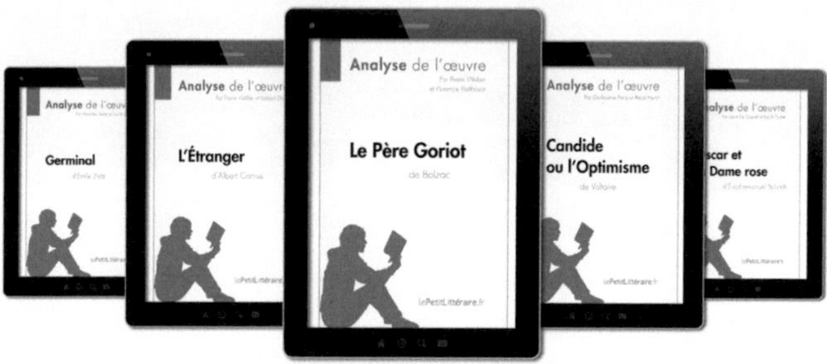

ISBN version numérique : 978-2-8062-2997-7
ISBN version papier : 978-2-8062-2999-1
Dépôt légal : D/2017/12603/910

Avec la collaboration de Ariane César pour les chapitres « Conflits intimes : amour et pouvoir » et « Des personnages prisonniers du destin ».

Conception numérique : Primento,
le partenaire numérique des éditeurs.

Ce titre a été réalisé avec le soutien de la Fédération Wallonie-Bruxelles, Service général des Lettres et du Livre.